17 juillet 1777.

106.

ORDONANNCE DU ROI,

CONCERNANT

LE RÉGIMENT DES GARDES-FRANÇOISES DE SA MAJESTÉ.

Du 17 Juillet 1777.

A PARIS,
DE L'IMPRIMERIE ROYALE.

M. DCCLXXX.

17. Juillet 1777.

TABLE DES TITRES ET ARTICLES

Contenus dans cette Ordonnance.

TITRE PREMIER.

Composition.

TITRE II.

Finances des Charges.

TITRE III.

Fonctions & choix des Officiers, Sergens & Caporaux.

TITRE IV.

Appointemens, Solde & Masse, &c.

17. Juillet 1777.

108.

TITRE V.

Adminiſtration.

TITRE VI.

Récompenses militaires.

TITRE VII.

Moyens de parvenir à la nouvelle composition.

TITRE VIII.

Service.

TITRE IX.

Priviléges & prérogatives du Colonel & du Régiment, conservés.

Fin de la Table.

ORDONNANCE

17 juillet 1777.

ORDONNANCE DU ROI,

Concernant le Régiment des Gardes-Françoises de SA MAJESTÉ.

Du 17 Juillet 1777.

DE PAR LE ROI.

SA MAJESTÉ voulant donner au régiment de ses Gardes-françoises, une constitution plus avantageuse au service dans ses armées, & faire connoître ses intentions sur l'administration de ce Régiment; Elle a ordonné & ordonne ce qui suit:

TITRE PREMIER.

ARTICLE PREMIER.

LE régiment des Gardes-françoises de Sa Majesté, continuera d'être composé de six bataillons. *Nombre de bataillons.*

TITRE I.er

Composition des Bataillons.

2.

CHAQUE bataillon sera composé d'une compagnie de Grenadiers & de quatre compagnies de Fusiliers.

Nombre de Compagnies conservées.

3.

AU moyen de la composition prescrite par les articles précédens, le régiment des Gardes-françoises ne sera plus composé à l'avenir que de vingt-quatre compagnies de Fusiliers, & de six compagnies de Grenadiers. L'intention de Sa Majesté étant que les six compagnies de Fusiliers qui se trouveront excéder ladite composition, soient & demeurent supprimées, Elle donnera ses ordres au Colonel sur les six compagnies qu'Elle jugera à propos de supprimer.

Composition des compagnies de Grenadiers. Les Grenadiers comment remplacés.

4.

CHAQUE compagnie de Grenadiers sera commandée par un Capitaine, un Capitaine en second, un premier Lieutenant, un Lieutenant en second, un premier Sous-lieutenant, un Sous-lieutenant en second; & composée d'un Sergent-major, d'un premier Sergent, de quatre Sergens, d'un Caporal-fourrier-écrivain, de huit Caporaux, d'un Chirurgien, de quatre-vingt-quatre Grenadiers, & de trois Tambours ou Instrumens, formant un total de cent neuf hommes, y compris les Officiers.

Les Grenadiers qui viendront à manquer, seront remplacés sur le champ par les compagnies de Fusiliers.

Composition des compagnies de Fusiliers.

5.

CHAQUE compagnie de Fusiliers sera commandée par un Capitaine, un premier Lieutenant, un Lieutenant en second, un premier Sous-lieutenant, un Sous-lieutenant en second, un Enseigne; & composée d'un Sergent-major, d'un premier Sergent, de quatre Sergens de

17. juillet 1777.

ſection, d'un Caporal-fourrier-écrivain, d'un Caporal-porte-drapeau, d'un Caporal-canonnier, de neuf Caporaux, de trois Canonniers, d'un Chirurgien, de cent quarante-quatre Fuſiliers, & de quatre Tambours ou Inſtrumens, formant un total de cent ſoixante & ſeize hommes, y compris les Officiers.

6.

LES compagnies de Grenadiers ſeront en tout temps portées au complet fixé par l'*article 4*.

Fixation du nombre actuel de Fuſiliers par Compagnie.

Les compagnies de Fuſiliers conſerveront en temps de paix, comme en temps de guerre, le nombre d'Officiers, bas Officiers, Canonniers, Chirurgiens, Tambours ou Inſtrumens, fixés par l'*article 5*; mais leſdites compagnies ne ſeront portées préſentement qu'à cent Fuſiliers, non compris les Officiers, Sergens, Caporaux, Canonniers, Chirurgien, Tambours ou Inſtrumens.

Sa Majeſté ſe réſerve de déclarer ſes intentions ſur le nombre de Fuſiliers dont Elle jugera à propos d'augmenter ſucceſſivement leſdites compagnies, pour les porter au complet fixé par la préſente Ordonnance.

7.

Dénomination des Compagnies.

LA compagnie du Colonel ſera toujours déſignée ſous la dénomination de *Compagnie-colonelle;* elle ſera commandée par un Capitaine, qui jouira des mêmes appointemens & prérogatives que les autres Capitaines; & chacune des vingt-neuf autres compagnies, continuera de porter le nom du Capitaine qui la commandera.

8.

Diviſion des Compagnies.

CHAQUE compagnie de Grenadiers & de Fuſiliers formera deux pelotons & quatre ſections.

9.

SA MAJESTÉ crée, en vertu de la préſente Ordon-

Création & suppreſſion de Charges.

nance, dans ſon régiment des Gardes-françoiſes, un Lieutenant-colonel en ſecond; dans chaque compagnie de Grenadiers, un Capitaine en ſecond, & dans chacune des compagnies de Grenadiers ou de Fuſiliers, un Lieutenant en ſecond, un Sous-lieutenant en ſecond, un Sergent-major, & un Caporal-fourrier-écrivain: Elle ſupprime les Enſeignes à pique, les Sergens-fourriers & les Appointés, tant des compagnies de Grenadiers que de celles de Fuſiliers.

Veut Sa Majeſté, que le prix des charges nouvellement créées, ſerve au rembourſement de celles qui ſe trouveront ſupprimées par les diſpoſitions de la préſente Ordonnance. Le compte en ſera préſenté à Sa Majeſté, qui donnera ſes ordres en conſéquence.

Sa Majeſté déroge aux diſpoſitions de l'Ordonnance du 14 avril 1771, concernant les compagnies de Grenadiers; Elle veut que celles établies par la préſente Ordonnance, ſoient formées ainſi qu'il ſera preſcrit ci-après.

Sa Majeſté ſupprime les Sergens-d'ordre, & veut qu'il ſoit créé, en vertu de la préſente Ordonnance, deux premiers Adjudans & trois autres Adjudans, à raiſon d'un pour deux bataillons; ſon intention étant que les deux Sergens-d'ordre actuellement exiſtans, ſoient nommés aux places des deux premiers Adjudans.

10.

Compoſition de l'État-major.

AU moyen de ces nouvelles diſpoſitions, l'État-major ſera compoſé d'un Colonel, d'un premier Lieutenant-colonel, d'un Lieutenant-colonel en ſecond, d'un Major, de ſept Aides-major, de ſept Sous-aides-major, de deux premiers Adjudans, de trois autres Adjudans, d'un Aumônier, de deux Chirurgiens-majors, d'un Tambour-major, de deux Sous-tambours-major, & de ſeize Muſiciens affectés à la garde de Sa Majeſté; de deux Commiſſaires, dont l'un ayant la police; d'un Maréchal-des-logis, d'un Prévôt, d'un Lieutenant du Prévôt, d'un Greffier, d'un d'un Juge-auditeur des bandes, d'un Médecin, d'un Aide-médecin, d'un Apothicaire, de douze Archers de la Prévôté, & d'un Exécuteur.

11.

Charges que pourront conserver les Officiers généraux.

L'INTENTION de Sa Majesté étant de ne conserver d'Officiers généraux au régiment de ses Gardes-françoises, que les deux Lieutenans-colonels & le Major, Elle veut que les Capitaines qui sont actuellement Maréchaux-de-camp, soient remboursés de leur charge.

Sa Majesté leur accorde huit mille livres en appointemens conservés, qui leur seront payés par les Trésoriers de l'Ordinaire des guerres, à la seule retenue des quatre deniers pour livre; & Elle se propose de les rappeler, suivant les circonstances, pour remplir les places de Lieutenans-colonels & de Major du régiment de ses Gardes-françoises, de les employer comme les autres Officiers généraux de ses armées, & de les faire participer aux mêmes grâces.

12.

Les Capitaines quitteront leurs Compagnies lorsqu'ils seront Maréchaux-de-camp.

EN conséquence des dispositions de l'article précédent, Sa Majesté ordonne qu'à l'avenir, les Capitaines du régiment de ses Gardes-françoises, ne puissent conserver leurs compagnies, lorsqu'ils seront faits Maréchaux-de-camp.

Sa Majesté leur accordera des appointemens proportionnés à l'ancienneté & à la distinction de leurs services; & ils pourront, suivant les circonstances, être rappelés dans le régiment des Gardes-françoises, pour y remplir les places de Lieutenans-colonels & de Major.

Sa Majesté se propose pareillement de les employer, comme les autres Maréchaux-de-camp de ses armées, & de les faire participer aux mêmes grâces.

13.

VEUT Sa Majesté qu'il ne lui soit proposé pour

Places ſupérieures remplies par des Officiers généraux ſortis du Corps.

Lieutenant-colonel, qu'un Capitaine de ſes Gardes-françoiſes fait Officier général, ou le premier Capitaine du régiment.

Veut auſſi Sa Majeſté, qu'il ne lui ſoit propoſé pour Major, qu'un Capitaine de ſes Gardes-françoiſes fait Officier général, ou un Capitaine du régiment, ſans égard à l'ancienneté.

14.

Création d'Enſeignes ſurnuméraires.

POUR conſerver en activité les jeunes Officiers qui ſe trouveront ſurnuméraires, & former des Officiers pour remplir les emplois d'Enſeigne, Sa Majeſté veut bien établir dans chacune des compagnies de Fuſiliers, un Enſeigne ſurnuméraire, d'une nobleſſe reconnue, lequel fera le même ſervice que les Enſeignes, ſans néanmoins recevoir aucuns appointemens, mais ſeulement le logement en garniſon, & l'étape en route. Veut Sa Majeſté, que ces emplois ne puiſſent jamais être vendus, pour quelque cauſe, & ſous quelque prétexte que ce puiſſe être; & qu'en temps de guerre, il ne ſoit point nommé à ces emplois, lorſqu'ils viendront à vaquer.

L'intention de Sa Majeſté eſt que les Enſeignes à drapeaux, qui ſe trouveront excéder la nouvelle compoſition, faſſent nombre parmi les Enſeignes ſurnuméraires, & ſoient nommés par rang d'ancienneté aux premières Enſeignes qui viendront à vaquer; mais les Enſeignes ſurnuméraires, nouvellement admis, n'auront aucun rang entr'eux, pour parvenir aux Enſeignes. Ils ſeront compris dans les revues, après les Enſeignes en pied, monteront les mêmes gardes, aſſiſteront à toutes les revues & exercices de compagnies auxquelles ils ſeront attachés, & ne pourront s'en abſenter ſans permiſſion du Colonel, à peine d'être exclus de leur emploi.

15.

Dépôt.

SA MAJESTÉ confirme l'établiſſement du dépôt qui

a été fait par le Colonel, pour l'instruction, tant des Officiers qui entrent au Corps, que pour celle des Recrues du régiment.

Ce dépôt sera entretenu par les fonds de la Masse générale qui sera établie ci-après.

Veut Sa Majesté que les nouveaux Enseignes, lorsque leur compagnie sera à Paris, ne puissent faire le service qu'après y avoir été exercés pendant six mois, & qu'il sera reconnu qu'ils sont suffisamment instruits.

16.

Élèves qui y seront admis.

Le Colonel pourra admettre à ce dépôt, à raison de trois par chaque compagnie de Fusiliers, des enfans de bas Officiers & Soldats des Troupes de Sa Majesté, lorsqu'ils auront atteint l'âge de onze ans: Ils seront compris dans les revues, ne feront point nombre dans les compagnies, & recevront la solde comme les autres; bien entendu que lesdits enfans, lorsqu'ils seront parvenus à l'âge de seize ans, seront tenus, s'ils ont les qualités requises, de contracter un engagement de huit ans, en leur donnant moitié du prix de l'engagement d'un homme de recrue, ou de rembourser tout ce qu'ils auront coûté pour leur entretien, dont il sera tenu un registre exact, arrêté par l'Officier qui commandera le dépôt.

TITRE II.

Finances des Charges.

ARTICLE PREMIER.

Finance des Charges.

La finances des charges de chacun des deux Lieutenans-colonels, du Major, des Capitaines de Grenadiers & de Fusiliers, sera de *Quatre-vingt mille livres.*

Celle des Capitaines en second des compagnies de Grenadiers, des Aides-major & des Lieutenans en

TITRE II.

premier des compagnies de Grenadiers & de Fusiliers, sera de *Quarante mille livres.*

Celle des Lieutenans en second & des Sous-aides-major, sera de *Trente mille livres.*

Celle des Sous-lieutenans en premier, de *Vingt mille livres.*

Celle des Sous-lieutenans en second, de *Dix mille livres.*

Et celle des Enseignes, de *Six mille livres.*

2.

Produit de la vente des Enseignes, affecté à l'Hôpital.

SA MAJESTÉ confirme toutes les dispositions arrêtées par le feu Roi son aïeul, concernant la vente des Enseignes, dont le produit continuera d'être affecté à l'établissement & à l'entretien de l'hôpital des Gardes-françoises, conformément à l'Édit de son établissement du mois de septembre 1759.

Sa Majesté se propose de donner de nouveaux ordres, lorsque l'établissement sera achevé, & qu'il sera pourvu à son entretien.

3.

Nombre d'années pour pouvoir vendre une charge gagnée par mort.

LES Capitaines & autres Officiers auxquels Sa Majesté aura donné des compagnies ou autres charges vacantes par mort, ne pourront vendre leur emploi, lorsqu'ils demanderont à se retirer, qu'après trois ans de service dans lesdites compagnies ou charges, à moins qu'ils ne soient forcés par leurs blessures, de quitter le service, auquel cas Sa Majesté leur fera telle grâce qu'Elle jugera à propos.

4.

Officier général rappelé pour les Charges supérieures;

S'IL arrivoit qu'un des deux Lieutenans-colonels ou le Major, mourût en charge sans avoir donné sa démission, & que Sa Majesté accordât l'agrément d'acheter une

une de ces charges, à un Officier général qu'Elle rappelleroit à la Lieutenance-colonelle ou à la Majorité, les quatre-vingt mille livres du prix de la charge, seront déposées dans la caisse du régiment, pour servir à l'achat qui sera fait des premiers emplois vacans, au profit des Officiers de chaque grade, qui se trouveront par rang d'ancienneté les premiers à passer auxdits emplois: Voulant Sa Majesté qu'ils soient assujettis pour la vente de ces charges, aux dispositions de l'article précédent, en comptant néanmoins les trois années de service exigées, du jour qu'ils auroient dû jouir de ces emplois.

TITRE II.

Emploi de la finance de celles dont les pourvus mourront, sans avoir donné de démission.

TITRE III.

Fonctions & choix des Officiers, Sergens & Caporaux.

ARTICLE PREMIER.

Les Lieutenans-colonels n'auront point de Compagnies; leur service.

LE Lieutenant-colonel en premier, & le Lieutenant-colonel en second, n'auront point de compagnies.

Sa Majesté ordonnera, selon les circonstances, si tous les deux devront aller à la guerre, avec les bataillons du régiment de ses Gardes-françoises; ils y seront employés suivant leur grade.

Leur service, en temps de paix, sera réglé par le Colonel, d'après les ordres de Sa Majesté, de manière qu'il y en ait toujours un des deux présent au Corps, & que tous les deux y soient présens dans le temps des exercices du régiment pour les revues de Sa Majesté.

2.

Les Compagnies iront à la guerre suivant leur tour.

LES compagnies continueront de marcher à la guerre suivant le tour de chaque compagnie, ainsi qu'il s'est toujours pratiqué jusqu'à présent.

TITRE III.

3.

Suppression des Commandans de bataillon; le bataillon par qui commandé.

Le titre de Commandant de bataillon, sera & demeurera supprimé.

Le premier Capitaine de chaque bataillon, commandera le bataillon, en cas d'absence, il sera remplacé par le plus ancien Capitaine de chaque bataillon.

4.

Fonctions du Major.

Le Major continuera d'être chargé de la police & de la discipline du Corps, subordonnément au Colonel, & en son absence, au Commandant du régiment.

5.

Fonctions des Capitaines.

Les Capitaines feront de fréquentes inspections de leur compagnie; ils veilleront avec la plus grande attention à l'exécution de tous les ordres, aux exercices du bataillon qu'ils se trouveront commander, à celui de leur compagnie, & à tout ce qui pourra contribuer à la discipline & au bien-être du Soldat; ils rendront un compte exact de leur compagnie au Colonel, & en son absence, au Commandant du régiment.

6.

Fonctions des Aides-Major.

Le premier Aide-major, & successivement le premier des Aides-major, en son absence, remplacera le Major dans toutes ses fonctions.

Les Aides-major veilleront chacun à leur bataillon, & en rendront compte au Major.

7.

Rang des Adjudans; leurs fonctions.

Les Adjudans auront rang de Lieutenant d'Infanterie; ils commanderont à tous les Sergens, & feront particulièrement chargés de veiller à leur conduite; ils rendront compte à l'État-major de l'exécution de tous les ordres.

8.

Fonctions du Maréchal-des-logis.

Le Maréchal-des-logis continuera de remplir les fonctions de sa charge, concernant les logemens, & de jouir du rang, des priviléges & prérogatives qui lui sont attribués.

9.

Fonctions des Sergens-majors.

Le Sergent-major de chaque compagnie, ne fera de service qu'à la garde du Roi; il sera supérieurement chargé de l'instruction de la compagnie, de tous les détails du service, de la discipline, du magasin de la compagnie, & des réparations.

Il rendra compte de tous ces objets au Major, au Commandant de la compagnie, & aux Officiers-majors du bataillon.

Les autres Sergens lui seront subordonnés.

10.

Fonctions des Caporaux.

Les Caporaux attachés aux sections, veilleront sur la discipline, police & exercice de leurs sections; ils en répondront au Sergent de la section.

Le Caporal-fourrier-écrivain ne fera d'autre service que celui de tenir les registres, former les états de la compagnie, & avoir soin du magasin, sous les ordres du Sergent-major.

11.

Fonctions du Tambour-major.

Le Tambour-major veillera sur la conduite, la discipline & les exercices des Tambours; il commandera les Sous-tambours-major, & continuera de remplir les mêmes fonctions qu'il a remplies jusqu'à présent.

12.

Compagnies de Grenadiers; par qui commandées.

L'intention de Sa Majesté & que les plus anciens Capitaines commandent les premières compagnies de

Fuſiliers, & que les compagnies de Grenadiers ſoient données ſans égard au rang d'ancienneté ; mais Elle ordonne que lorſqu'un Capitaine de Grenadiers arrivera par ſon rang dans le nombre des ſix plus anciens Capitaines du régiment, il quitte ſa compagnie de Grenadiers pour prendre une compagnie de Fuſiliers.

S'il arrivoit qu'à la guerre un Capitaine de Grenadiers ſe trouvât commander accidentellement un bataillon, Sa Majeſté veut qu'il quitte le commandement du bataillon pour ſuivre la deſtination de ſa compagnie, dans le cas où elle ſe trouveroit détachée.

13.

Choix des Capitaines en ſecond de Grenadiers.

LES Capitaines de Grenadiers actuellement exiſtans, feront placés, en qualité de Capitaines en ſecond, dans les compagnies de Grenadiers, établies par la préſente Ordonnance. Veut Sa Majeſté qu'ils jouiſſent des avantages qui leur ont été accordés par l'Ordonnance du 14 avril 1771, juſqu'à ce qu'ils commandent des compagnies.

Les Capitaines en ſecond deſdites compagnies de Grenadiers, feront choiſis à l'avenir dans le nombre des Aides-major & des Lieutenans en premier; ils y prendront leur rang, ſuivant leur ancienneté, dans le grade de Lieutenant.

Les autres Officiers de Grenadiers feront choiſis chacun dans leur colonne.

14.

Choix des Aides-major & Sous-aides-major.

Les Aides-major feront choiſis parmi les Lieutenans en premier; & dans le cas où Sa Majeſté jugeroit à propos de nommer pour Aide-major un Lieutenant en ſecond, il donnera *Dix mille livres,* & ne fera plus ſuſceptible de paſſer à ſon tour à une Lieutenance en premier qui viendroit à vaquer par mort. Cet Aide-major conſervera ſon rang d'ancienneté dans la colonne où il ſe trouvera;

17. juillet 1777.

trouvera; & parmi les Aides-majors, celui de la date de sa nomination à l'Aide-majorité.

Les Sous-aides-majors feront choisis parmi les Lieutenans en second, & les Sous-lieutenans en premier, feront susceptibles d'être faits Sous-aides-major, aux mêmes conditions prescrites pour les Lieutenans en second, auxquels Sa Majesté accorderoit une Aide-majorité.

15.

Choix des Adjudans.

LES Adjudans ne pourront être tirés que du corps des Sergens dudit régiment : ils feront choisis par le Colonel, sans égard à l'ancienneté ; il les proposera à Sa Majesté, qui donnera des ordres pour leur faire expédier des brevets.

16.

Caporaux classés avant d'être faits Sergens.

LES deux Caporaux que les Capitaines jugeront les plus capables de pouvoir remplir une place de Sergent, sachant lire & écrire, & en état de montrer l'exercice, feront envoyés par les Capitaines, l'un à l'instruction du dépôt, l'autre à celle des secondes classes : Ils feront alors censés classés & faire nombre parmi les Caporaux destinés à être faits Sergens.

En temps de guerre, les Capitaines donneront au Major l'état des trois meilleurs Caporaux de leur compagnie, pour être classés & remplir les places de Sergens; ces états feront remis au Colonel.

L'intention de Sa Majesté est que les Caporaux ne soient pas faits Sergens dans les compagnies d'où ils feront tirés.

17.

Renvoyés à leur Compagnies, s'ils se comportent mal.

VEUT aussi Sa Majesté, que si quelqu'un des Caporaux attachés au dépôt ou aux secondes classes, vient à se déranger, ou qu'il soit reconnu qu'il n'a pas les qualités nécessaires pour être fait Sergent, l'Officier qui commandera le dépôt, ou aux secondes classes, rende compte par écrit au Major des sujets de mécontentement qui pourroient nécessiter son renvoi : Le Major en rendra compte au Colonel, pour qu'il soit remplacé.

18.

Choix des Sergens.

LORSQU'IL vaquera une place de Sergent-major dans une compagnie, le Major proposera les trois meilleurs Sergens du régiment au Colonel, qui nommera celui des trois sujets proposés qui lui paroîtra mériter la préférence.

Il en sera usé de même pour la nomination d'un premier Sergent.

A l'égard des autres places de Sergent, lorsqu'il en vaquera une, le Major chargera les Adjudans & les Sergens des douze établis dans le Corps, d'examiner les trois meilleurs Caporaux : Ils feront leur rapport au Major, qui proposera les sujets au Colonel, pour qu'il nomme celui des trois qui lui paroîtra mériter la préférence.

19.

Sergens de Grenadiers tirés des Sergens de Fusiliers.

LES Sergens des compagnies de Grenadiers, seront toujours tirés du corps des Sergens de Fusiliers.

20.

Choix des Caporaux.

LE Caporal-fourrier-écrivain sera nommé par le Colonel, sur la présentation du Major.

Le Caporal-porte-drapeau & le Chirurgien, seront choisis par les Capitaines, qui proposeront les sujets au Major, lequel ne les fera inscrire qu'après avoir été agréés par le Colonel.

Le Caporal-canonnier sera choisi parmi les Canonniers, & nommé par le Capitaine, sur la demande de l'Officier qui commandera l'Artillerie.

Les autres places de Caporaux seront données, sans égard à l'ancienneté, aux sujets de la compagnie qui

17. Juillet 1777.

feront propofés par le Capitaine; mais ils ne pourront y être reçus qu'après avoir été examinés par un Confeil, compofé de trois Sergens des douze, & de quatre Caporaux de la même compagnie.

En l'abfence du Capitaine, les fujets pour remplir les places de Caporaux & de Chirurgien, feront nommés par le Major, après qu'il aura pris les ordres du Colonel.

TITRE IV.

Appointemens, Solde & Maffe, &c.

ARTICLE PREMIER.

SA MAJESTÉ veut que les appointemens & folde foient payés à l'avenir aux Officiers, Sergens & Soldats du régiment de fes Gardes-françoifes fur le pied,

SAVOIR;

	APPOINTEMENS ET SOLDE EN TOUT TEMPS.						
COMPAGNIES DE GRENADIERS.	PAR JOUR.			PAR MOIS.			PAR AN.
A chaque Capitaine, trente-trois livres fix fous huit deniers, ci.....	33^{tt}	6^{f}	8^{d}	1000^{tt}	$//^{f}$	$//^{d}$	12000^{tt}
A chaque Capitaine en fecond, treize livres dix-fept fous neuf deniers un tiers, ci..................	13.	17.	$9\frac{1}{3}$	416.	13.	4	5000.
A chaque premier Lieutenant, neuf livres quatorze fous cinq deniers un tiers, ci..................	9.	14.	$5\frac{1}{3}$	291.	13.	4	3500.
A chaque fecond Lieutenant, fix livres dix-huit fous dix deniers deux tiers, ci..................	6.	18.	$10\frac{2}{3}$	208.	6.	8	2500.
A chaque premier Sous-lieutenant, quatre livres trois fous quatre deniers, ci..................	4.	3.	4	125.	//	//	1500.
A chaque fecond Sous-lieutenant, trois livres fix fous huit deniers, ci...	3.	6.	8	100.	//	//	1200.

	APPOINTEMENS ET SOLDE EN TOUT TEMPS.						
	PAR JOUR.			PAR MOIS.			PAR AN.
A chaque Sergent-major, deux livres quatre sous cinq deniers un tiers, ci...	2ᵗᵗ	4^{s}	$5^{d}\frac{1}{3}$	66ᵗᵗ	13^{s}	4^{d}	800ᵗᵗ
A chaque premier Sergent, une livre dix-huit sous dix deniers deux tiers, ci.	1.	18.	$10\frac{2}{3}$	58.	6.	8	700.
A chaque Sergent, une livre treize sous quatre deniers, ci..........	1.	13.	4	50.	//	//	600.
A chaque Caporal, douze sous, ci..	//	12.	//	18.	//	//	216.
A chaque Chirurgien, onze sous, ci........................	//	11.	//	16.	10.	//	198.
A chaque Tambour ou Instrument, douze sous, ci................	//	12.	//	18.	//	//	216.
A chaque Grenadier, dix sous, ci..	//	10.	//	15.	//	//	180.
COMPAGNIES DE FUSILIERS.							
A chaque Capitaine, trente livres onze sous un denier un tiers, ci....	30.	11.	$1\frac{1}{3}$	916.	13.	4	11000.
A chaque premier Lieutenant, huit livres six sous huit deniers, ci......	8.	6.	8	250.	//	//	3000.
A chaque second Lieutenant, cinq livres onze sous un denier un tiers, ci.	5.	11.	$1\frac{1}{3}$	166.	13.	4	2000.
A chaque premier Sous-lieutenant, trois livres six sous huit deniers, ci...	3.	6.	8	100.	//	//	1200.
A chaque second Sous-lieutenant, deux livres quatre sous cinq deniers un tiers, ci..................	2.	4.	$5\frac{1}{3}$	66.	13.	4	800.
A chaque Enseigne, une livre seize sous huit deniers, ci..........	1.	16.	8	55.	//	//	660.
A chaque Sergent-major, deux livres quatre sous cinq deniers un tiers, ci..	2.	4.	$5\frac{1}{3}$	66.	13.	4	800.
A chaque premier Sergent, une livre dix-huit sous dix deniers deux tiers, ci.	1.	18.	$10\frac{2}{3}$	58.	6.	8	700.
A chaque Sergent, une livre dix sous, ci....................	1.	10.	//	45.	//	//	540.
A chaque Caporal, onze sous, ci..	//	11.	//	16.	10.	//	198.
A chaque Canonnier, dix sous, ci.	//	10.	//	15.	//	//	180.

A chaque

17. juillet 1777.

	APPOINTEMENS ET SOLDE EN TOUT TEMPS.						
	PAR JOUR.			PAR MOIS.			PAR AN.
A chaque Chirurgien, dix sous, ci.	″ᵗᵗ	10ˢ	″ᵈ	15ᵗᵗ	″ˢ	″ᵈ	180ᵗᵗ
A chaque Tambour ou Instrument, onze sous, ci.	″	11.	″	16.	10.	″	198.
A chaque Fusilier, neuf sous, ci.	″	9.	″	13.	10.	″	162.
ÉTAT MAJOR.							
Au Colonel, cent quatre-vingt-quatorze livres huit sous dix deniers deux tiers, ci.	194.	8.	$10\frac{2}{3}$	5833.	6.	8	70000.
Au premier Lieutenant-colonel, soixante-une livres deux sous deux deniers deux tiers, ci.	61.	2.	$2\frac{2}{3}$	1833.	6.	8	22000.
Au second Lieutenant-colonel, quarante-une livres treize sous quatre deniers, ci.	41.	13.	4	1250.	″	″	15000.
Au Major, cinquante livres, ci.	50.	″	″	1500.	″	″	18000.
Au premier Aide-major, treize livres dix-sept sous neuf deniers un tiers, ci.	13.	17.	$9\frac{1}{3}$	416.	13.	4	5000.
A chacun des six autres Aides-major, douze livres dix sous, ci.	12.	10.	″	375.	″	″	4500.
A chacun des sept Sous-aides-major, huit livres six sous huit deniers, ci.	8.	6.	8	250.	″	″	3000.
A chacun des deux premiers Adjudans, quatre livres trois sous quatre deniers, ci.	4.	3.	4	125.	″	″	1500.
A chacun des trois autres Adjudans, trois livres six sous huit deniers, ci.	3.	6.	8	100.	″	″	1200.
A l'Aumônier, deux livres quinze sous six deniers deux tiers, ci.	2.	15.	$6\frac{2}{3}$	83.	6.	8	1000.
A chacun des deux Chirurgiens-majors, deux livres quinze sous six deniers deux tiers, ci.	2.	15.	$6\frac{2}{3}$	83.	6.	8	1000.
Au Tambour-major, deux livres quatre sous cinq deniers un tiers, ci.	2.	4.	$5\frac{1}{3}$	66.	13.	4	800.
A chacun des deux Sous-tambour-major, une livre, ci.	1.	″	″	30.	″	″	360.

	APPOINTEMENS ET SOLDE EN TOUT TEMPS.						
	PAR JOUR.			PAR MOIS.			PAR AN.
A chacun des ſeize Muſiciens affectés à la garde du Roi, pour tout traitement, quatre liv. trois ſous quatre deniers, ci.	4^{tt}	$3^{ſ}$	4^{d}	125^{tt}	$//^{ſ}$	$//^{d}$	1500^{tt}
Au Commiſſaire des guerres, ayant la police, vingt-huit livres onze ſous ſix deniers, ci.	28.	11.	6	857.	5.	//	10287.
Au ſecond Commiſſaire, dix-ſept livres douze ſous neuf deniers un tiers, ci.	17.	12.	$9\frac{1}{3}$	529.	3.	4	6350.
Au Maréchal-des-logis, huit livres ſix ſous huit deniers, ci.	8.	6.	8	250.	//	//	3000.
Au Prévôt, dix livres deux ſous deux deniers, ci.	10.	2.	2	303.	5.	//	3639.
Au Lieutenant du Prévôt, deux livres quatre ſous cinq deniers un tiers, ci. . .	2.	4.	$5\frac{1}{3}$	66.	13.	4	800.
Au Greffier, une livre cinq ſous, ci.	1.	5.	//	37.	10.	//	450.
Au Juge-auditeur des bandes, une livre treize ſous quatre deniers, ci. . .	1.	13.	4	50.	//	//	600.
Au Médecin, deux livres quatre ſous cinq deniers un tiers, ci.	2.	4.	$5\frac{1}{3}$	66.	13.	4	800.
A l'Aide-médecin, une livre ſept ſous neuf deniers un tiers, ci.	1.	7.	$9\frac{1}{3}$	41.	13.	4	500.
A l'Apothicaire, une livre treize ſous quatre deniers, ci.	1.	13.	4	50.	//	//	600.
A chacun des douze Archers de la Prévôté, onze ſous un denier un tiers, ci.	//	11.	$1\frac{1}{3}$	16.	13.	4	200.
A l'Exécuteur, huit ſous quatre den. ci.	//	8.	4	12.	10.	//	150.

Les appointemens & ſolde continueront d'être payés comme par le paſſé aux Officiers & Soldats, par les Tréſoriers de l'ordinaire des guerres, chacun pendant l'année de leur exercice, & ſur les revues du Commiſſaire qui aura la police dudit régiment.

2.

Traitement conservé aux Officiers.

SA MAJESTÉ entend que les Capitaines & Lieutenans de Grenadiers actuellement existans, les Sous-lieutenans, les Enseignes, les Sergens & les Caporaux, qui d'après les dispositions de la présente Ordonnance, éprouveroient de la diminution dans leurs appointemens & solde, jouissent du même traitement dont ils jouissoient, jusqu'à ce qu'ils soient parvenus à un autre grade.

3.

Gratification annuelle de six mille livres.

SA MAJESTÉ accorde une gratification annuelle de *Six mille livres*, que le Colonel fera distribuer aux Officiers & Sergens qui seront employés à l'instruction du dépôt & du régiment, & qui auront montré le plus de zèle.

L'intention de Sa Majesté est que cette somme soit employée de préférence à indemniser les Appointés supprimés par la présente Ordonnance, de la diminution qu'ils éprouvent dans leur paye, en leur accordant des gratifications jusqu'à ce qu'ils parviennent à un autre grade.

4.

Gratifications en temps de guerre & en temps de paix.

L'INTENTION de Sa Majesté est aussi de continuer à faire payer la somme de *Quatre mille livres*, pendant le temps de guerre seulement, au Lieutenant-colonel du régiment qui commandera la brigade à l'armée.

Et celle de *Quinze cents livres*, accordée tant en temps de paix qu'en temps de guerre, à chacun des quatre Capitaines appointés dans la colonne des Capitaines.

5.

Retenue des quatre deniers pour livre.

TOUS les appointemens, solde & masse, & gratifications réglés par les articles 1, 3 & 4 du présent Titre, ne seront sujets qu'à la seule retenue des quatre deniers pour livre.

TITRE IV.

Quatre deniers pour livre des Compagnies, à la charge des Capitaines.

6.

VEUT Sa Majesté que les Capitaines du régiment de ses Gardes-françoises, continuent de jouir de leurs appointemens en entier, à la seule retenue des quatre deniers pour livre de leur compagnie, non compris les Officiers.

7.

Tambours chargés de l'entretien de leur caisse.

AU moyen de la solde réglée aux Tambours par l'article I.er du présent Titre, ils seront tenus d'entretenir leurs caisses de peaux & de cordages, & de se fournir de baguettes.

8.

Retenue pour linge & chaussure.

IL sera retenu sur la solde réglée à chaque Caporal, Grenadier, Fusilier, Canonnier, Chirurgien, Tambour & Instrument, un sou par jour en tout temps pour l'entretien du linge & chaussure, dont le décompte leur sera régulièrement fait tous les quatre mois par l'Aide-major de chaque bataillon, qui ne pourra faire délivrer ce qui reviendra à chacun d'eux, qu'après avoir examiné leur linge & chaussure, fait remplacer ce qui pourroit manquer, & s'être assuré que chaque homme a *Quinze livres* en masse.

Veut Sa Majesté qu'il ne soit point fait de décompte du linge & chaussure aux Soldats absens par congé, pendant le temps de leur absence, & que le montant de la retenue soit versé à la masse générale.

9.

Masse générale.

IL sera établi à l'époque de la nouvelle composition réglée par la présente Ordonnance, une masse de *Soixante-quinze livres* par homme, par an, au complet, pour être employée aux recrues, à l'habillement, à l'équipement, à l'entretien & à toute espèce de réparations sans distinction, ainsi qu'à l'entretien des armes & des effets dépendans de l'armement.

Cette

17. juillet 1777.

Cette maſſe ſera payée chaque mois, au complet de trois mille ſix cents quarante-deux hommes, & par la ſuite en conſéquence du nombre d'hommes dont Sa Majeſté jugera à propos d'augmenter le régiment.

10.

Armement, canons & tentes.

SA MAJESTÉ continuera de faire fournir au régiment de ſes Gardes-françoiſes, l'armement, les canons, les tentes & uſtenſiles dont il pourra avoir beſoin.

Et Elle donnera ſes ordres, ſi Elle le juge à propos, pour faire fournir, à la guerre, deux pièces de canon par bataillon, ſervies par le Corps-royal d'Artillerie.

11.

Vingt-cinq mille livres des Fermiers généraux, verſées à la maſſe générale.

SA MAJESTÉ conſidérant que la maſſe générale ne pourroit ſuffire à l'habillement & équipement des Sergens, & que la ſubſiſtance des Soldats ſe trouve aſſujettie aux droits d'entrée de Paris; Elle veut que les *Vingt-cinq mille livres* payées par les Fermiers généraux, ſoient verſées à la maſſe générale, & que ladite maſſe fourniſſe une ſomme de *Dix mille livres* par an, laquelle ſera diſtribuée également à toutes les compagnies pour le bois & la chandelle de l'ordinaire des Soldats.

12.

Demi-ſolde & Solde entière, réunies à la maſſe générale.

LES Soldats abſens par congé, ne toucheront que la moitié de leur ſolde pendant tout le temps de leur abſence, & le décompte leur en ſera régulièrement fait à leur retour au régiment; à l'égard de ceux qui ne rejoindront pas exactement à l'expiration de leur congé, ils ſeront privés de la ſolde entière pendant tout le temps de leur abſence, à moins qu'ils ne juſtifient, par les certificats les plus authentiques, l'impoſſibilité dans laquelle ils auroient pu ſe trouver de rejoindre pour cauſe de maladie bien conſtatée. Voulant Sa Majeſté que la ſolde entière deſdits hommes, ainſi que la moitié de la solde des absens par congé, soient versées à la masse générale, qui sera chargée de continuer à fournir les guêtres noires, les guêtres blanches, les cols & les cocardes.

13.

Les fonds à qui remis.

Tous les fonds qui seront faits pour la solde, la masse générale & les gratifications, seront versés par le Trésorier général de l'Ordinaire des guerres, dans la caisse du régiment, d'après les revues du Commissaire des guerres qui en aura la police.

L'intention de Sa Majesté est que la personne qui aura la manutention de ladite caisse, soit à la nomination du Colonel, & autorisée par lui à signer les décomptes & quittances desdites sommes, dont le Major du Corps aura l'administration journalière, sous l'autorité du Colonel & du Conseil d'administration.

TITRE V.

Administration.

ARTICLE PREMIER.

Administration de la masse générale.

La masse générale sera administrée, sous les ordres du Colonel, par un Conseil composé des deux Lieutenans-colonels, du Major & de quatre Capitaines nommés par le Colonel.

En cas d'absence des deux Lieutenans-colonels, ils seront remplacés au Conseil par le plus ancien Capitaine du régiment qui sera présent.

2.

Règlement particulier.

Le Colonel continuera de faire les règlemens qu'il jugera les plus utiles au bien du service & à l'intérêt du Corps.

17 juillet 1777.

Il continuera pareillement de prendre les ordres de Sa Majeſté pour l'uniforme, l'habillement & l'armement du régiment.

TITRE V.

Habillement.

3.

TOUS les marchés avec les différens Fourniſſeurs, ſeront faits en préſence du Colonel, par le Conſeil d'adminiſtration.

Marchés.

4.

LES réparations générales décidées au Conſeil, ſeront exécutées d'après les ordres du Colonel; & le Major fera pourvoir aux réparations journalières qu'il conviendra de faire à l'armement, à l'habillement & à l'équipement, dont il confiera le ſoin dans chaque bataillon aux Aides-major.

Réparations.

5.

LE Major & les quatre Capitaines chargés de remplir les vues du Colonel, conformément à ce qui ſera arrêté dans l'aſſemblée du Conſeil d'adminiſtration, ſe concerteront pour ſurveiller la régie des différens objets confiés à leurs ſoins.

Vérification des comptes; par qui ils doivent être arrêtés.

Ces quatre Capitaines continueront de vérifier & d'arrêter chaque mois les comptes de la partie de manutention dont chacun d'eux ſera chargé: Le réſultat qui en ſera pareillement arrêté par le Major, ſera remis chaque mois au Colonel, & repréſenté lors des aſſemblées du Conſeil d'adminiſtration.

6.

TOUS les états de prêt vérifiés par l'Aide-major de chaque bataillon, & comparés avec le regiſtre journalier des mutations, ſeront arrêtés par le Major, & le réſultat en ſera pareillement repréſenté au Conſeil d'adminiſtration.

États de prêt vérifiés par les Aides-major, & arrêtés par le Major.

7.

LE Major ſignera tous les mandats ſur la caiſſe du régiment, pour l'adminiſtration de la maſſe générale.

Mandats ſur la Caiſſe; par qui ſignés.

TITRE V.

Il sera suppléé, en cas d'absence, par le premier Aide-major, qui ne signera des mandats qu'en conséquence des demandes par écrit des Capitaines du Conseil d'administration, chacun pour les objets dont ils seront chargés.

Le premier Aide-major, en l'absence du Major, & successivement les autres Aides-major, en l'absence du premier, seront présens aux délibérations du Conseil d'administration.

8.

Recrues.

LE Major sera chargé, sous les ordres du Colonel, de l'administration générale du recrutement, dont les comptes seront portés au Conseil d'administration.

Et pour faciliter au régiment des Gardes-françoises, les moyens de se procurer les recrues qui lui seront nécessaires, Sa Majesté continue à autoriser le Colonel, en tant que besoin seroit, à donner les pouvoirs qu'il jugera convenables, pour faire les recrues de ce régiment dans toute l'étendue du royaume.

9.

Terme des engagemens; âge & taille des Recrues.

LE temps des engagemens continuera à être fixé à huit années: Les congés absolus seront régulièrement donnés aux Soldats chaque année aux termes des engagemens, même pendant la guerre.

Il ne sera reçu que des hommes au moins de cinq pieds quatre pouces, en temps de paix, & de cinq pieds trois pouces en temps de guerre. Ils ne seront agréés qu'autant qu'ils auront seize ans accomplis, & moins de vingt-cinq ans; mais dans le cas où ils auroient précédemment servi, Sa Majesté permet de les admettre jusqu'à l'âge de trente-cinq ans en temps de paix, & de quarante en temps de guerre.

10.

Suppression des hautes-payes.

A compter du jour que la présente Ordonnance aura son

ſon exécution, les hautes-payes accordées par l'Ordonnance du 26 avril 1771, aux Vétérans & à ceux qui ont contracté pluſieurs engagemens, ſeront & demeureront ſupprimées, ſans qu'il ſoit rien changé aux marques de décoration attachées à la gradation des ſervices.

II.

Dédommagement des hautes-payes ſupprimées.

POUR dédommager de la ſuppreſſion des hautes-payes, ordonnée par l'article précédent, ceux qui, dans la confiance qu'ils jouiroient de ces hautes-payes, ont renouvelé un engagement après huit ans, ſeize & vingt-quatre ans de ſervice, Sa Majeſté ordonne qu'il leur ſoit payé, au jour déterminé pour la ſuppreſſion des hautes-payes, le prix du rengagement, conformément à la fixation portée dans l'article 12 ci-après, dans la proportion du temps qu'ils auront encore à ſervir, & en décomptant ce qu'ils auront reçu en ſe rengageant.

12.

Rengagemens.

LES Soldats qui, après avoir ſervi huit ans, deſireront de renouveler un engagement, recevront *Cent vingt livres.*

Après ſeize ans, ils recevront pour prix d'un ſecond rengagement, *Cent quarante livres.*

Et après vingt-quatre ans de ſervice, ceux qui auront acquis la vétérance, qui auront la volonté & qui ſeront jugés en état de contracter un troiſième engagement, recevront *Cent ſoixante-dix livres.*

Après les huit ans révolus du troiſième rengagement, ceux qui ſeront en état de continuer leurs ſervices, ne s'engageront que pour un an, & renouvelleront leur engagement d'année en année; il leur ſera payé *Vingt-quatre livres* en commençant chaque année.

13.

Rengagemens permis

PERMET Sa Majeſté, de rengager les Caporaux,

au commencement de la dernière année.

Grenadiers, Fusiliers, Canonniers, Tambours & Instrumens, dès le commencement de la dernière année de l'engagement courant.

14.

Congés de grâce.

Le prix des congés de grâce, sera fixé à *Quatre cents livres* pour un homme qui auroit encore sept ans à servir; à *Trois cents cinquante livres* pour six ans; à *Trois cents livres* pour cinq ans; à *Deux cents cinquante livres* pour quatre ans; à *Deux cents livres* pour trois ans; à *Cent cinquante livres* pour deux ans; & à *Cent livres* seulement pour celui à qui il restera moins de deux ans pour achever son engagement.

15.

Congés absolus & de semestre.

Le Colonel continuera d'avoir, seul, l'autorité d'accorder aux Sergens, Caporaux & Soldats, les congés absolus, ceux de semestre, les permissions de travail, & la permission de se marier.

TITRE VI.

Récompenses militaires.

Article premier.

Commission de Colonel.

La Commission de Colonel ne sera accordée aux Capitaines en second des compagnies des Grenadiers, aux Aides-major & aux Lieutenans en premier, qu'après six ans de service, à dater du grade de Lieutenant en premier.

Entend cependant Sa Majesté, que les Lieutenans, soit en premier, soit en second, qui auroient fait quelque action d'éclat à la guerre, ou qui auroient rendu un service important, puissent obtenir cette grâce, sans égard à l'ancienneté dans le grade de Lieutenant.

17 juillet 1777.

TITRE VI.

Penſions de retraite.

2.

LES Capitaines de Grenadiers & de Fuſiliers, qui auront perdu quelque membre à la guerre, dans le grade de Capitaine, & ceux des ſix premiers Capitaines qui ſeroient parvenus à un âge trop avancé pour pouvoir continuer leurs ſervices, jouiront, en ſe retirant, de *Six mille livres* d'appointemens.

A l'égard des autres Capitaines de Grenadiers & de Fuſiliers, qui ſe trouveront, par des infirmités bien conſtatées, ou des bleſſures, après trente ans de ſervice au moins, dans l'impoſſibilité de les continuer, ils jouiront de *Cinq mille livres* d'appointemens.

Les Capitaines en ſecond de Grenadiers, les Aides-major & les Lieutenans, jouiront de la moitié de leurs appointemens, lorſqu'ils ſeront abſolument hors d'état de continuer leurs ſervices.

3.

Retraites des Adjudans.

SA MAJESTÉ veut bien également accorder aux Adjudans, qui par leurs infirmités ou leurs bleſſures, ſe trouveront hors d'état de continuer leurs ſervices, la moitié des appointemens attribués à leur grade.

4.

Admiſſion à l'Hôtel royal des Invalides.

LES Sergens, Caporaux & Soldats du régiment des Gardes-françoiſes, ſeront aſſujettis, pour leur admiſſion à l'Hôtel royal des Invalides, aux diſpoſitions du Titre VIII de l'Ordonnance du 25 mars 1776, portant règlement ſur l'adminiſtration des Corps; & à celles du Titre V de l'Ordonnance du 17 juin ſuivant, concernant la conſtitution & adminiſtration de l'Hôtel royal des Invalides; Mais l'intention de Sa Majeſté eſt d'affecter plus particulièrement aux Sergens, Caporaux & Soldats du régiment de ſes Gardes-françoiſes, les penſions de récompenſes militaires, telles qu'elles ſeront détaillées dans les articles ſuivans.

TITRE VI.

Penſions des récompenſes militaires des Sergens.

5.

LES Sergens-majors qui auront rempli pendant dix ans, dont huit en qualité de Sergent-major ou de Sergent d'armes, les fonctions actives de leur grade; & les autres Sergens qui les auront remplies pendant dix ans révolus, leſquels ſe trouveront dans l'impoſſibilité abſolue de continuer leurs ſervices, à cauſe de leur âge, de l'épuiſement des forces, de leurs infirmités ou de leurs bleſſures, jouiront de la penſion de récompenſe militaire, que Sa Majeſté fixe à *Trois cents ſoixante livres* pour les Sergens-majors, à *Deux cents cinquante livres* pour les Sergens de Grenadiers, & à *Deux cents trente livres* pour les Sergens de Fuſiliers.

Entend Sa Majeſté que leſdits Sergens jouiſſent, à compter de l'époque où ils obtiendront leur penſion, ſur les certificats du Colonel, du rang de Lieutenant d'Infanterie, & ſoient admis, en ladite qualité, dans les compagnies détachées de l'Hôtel des Invalides.

6.

Idem *des Caporaux & Soldats.*

SA MAJESTÉ accorde aux Caporaux & Soldats qui ſe trouveroient hors d'état de continuer leurs ſervices, conformément aux diſpoſitions du Règlement du 25 mars 1776, & de l'Ordonnance du 17 juin ſuivant, concernant l'Hôtel royal des Invalides.

SAVOIR:

A chaque Caporal-fourrier-écrivain, chaque Caporal-porte-drapeau, chaque Caporal-canonnier, & de Grenadier, *Cent quarante livres.*

A chaque Caporal de Fuſilier, *Cent trente livres.*

A chaque Grenadier, Canonnier & Chirurgien, *Cent livres.*

A chaque Fuſilier, Tambour ou Inſtrument, *Quatre-vingt-dix livres.*

A chaque Muſicien affecté à la garde du Roi & à la ſuite de l'État-major, *Deux cents livres.*

Au Tambour-major, *Trois cents livres.*

A chaque Sous-tambour-major, *Cent quarante livres.*

7. LESDITES

17 juillet 1777.

124.

TITRE VI.

7.

Pensions du Corps, payées par l'Extraordinaire des guerres.

LESDITES pensions seront affectées sur les fonds de l'Extraordinaire des guerres. L'intention de Sa Majesté est que les Sergens, Caporaux & Soldats qui en jouiront en vertu des certificats du Colonel du régiment de ses Gardes-françoises, soient assujettis aux dispositions de l'Ordonnance du 17 avril 1772, concernant les Invalides pensionnés.

8.

Admission des Sergens, Caporaux & Soldats aux places vacantes de l'Hôtel royal des Invalides.

LES Sergens, Caporaux & Soldats pensionnés du régiment des Gardes-françoises, qui jouiront des pensions attribuées à leur grade, & qui seront dans le cas d'être admis aux places qui se trouveront vacantes à l'Hôtel royal des Invalides, seront assujettis aux dispositions des articles 5, 6, 7, 8, 9, 10 & 11 du titre I.er de l'Ordonnance du 17 juin 1776, concernant la constitution & administration dudit Hôtel.

TITRE VII.

Moyens de parvenir à la nouvelle composition.

ARTICLE PREMIER.

Bas Officiers & Fusiliers des compagnies supprimées, distribués dans les compagnies conservées.

POUR parvenir à la nouvelle composition prescrite par la présente Ordonnance, le Colonel distribuera dans les vingt-quatre compagnies de Fusiliers conservées, les Sergens, Caporaux & Soldats des six compagnies supprimées: Il choisira ensuite parmi toutes les compagnies de Fusiliers, le nombre d'hommes nécessaire pour porter les compagnies de Grenadiers au complet fixé par la présente Ordonnance.

2.

Officiers des compagnies supprimées.

LES moins anciens des Sous-lieutenans actuellement existans, qui se trouveront excéder le nombre prescrit, ſeront placés dans les compagnies en qualité de Sous-lieutenans en ſecond, & reprendront dans cette colonne le rang qu'ils avoient parmi les Enſeignes à pique, avant que d'être Sous-lieutenans.

Les Enſeignes à pique, moins anciens, qui ne pourront pas être placés aux Sous-lieutenances en ſecond, rétrogaderont aux places d'Enſeignes, en conſervant pareillement leur rang; & les Enſeignes à drapeaux, excédant, feront nombre parmi les Enſeignes ſurnuméraires, ainſi qu'il eſt preſcrit par l'article 14 du Titre Ier de la préſente Ordonnance.

3.

Finance portée à la caiſſe du régiment.

SA MAJESTÉ ſe propoſant de nommer par rang d'ancienneté aux premiers emplois vacans dans chaque grade, les Officiers qui en auront changé par les diſpoſitions de la préſente Ordonnance; & voulant que ces Officiers ſoient payés des mêmes appointemens dont ils jouiſſent actuellement, ſon intention eſt qu'ils ne puiſſent parvenir aux emplois qui viendront à vaquer par mort, dans le grade où ils étoient avant la nouvelle compoſition, & que la finance de la dernière charge qu'ils avoient obtenue, reſte en dépôt à la caiſſe du régiment, pour ſervir à payer les emplois auxquels Sa Majeſté les nommera.

4.

Sergens & Caporaux conſervés.

LES Sergens d'armes paſſeront par rang d'ancienneté de leur nomination à ce grade, aux places de Sergens-majors des compagnies de Grenadiers & de Fuſiliers. Ceux qui ſe trouveront excéder le nombre fixé par la préſente Ordonnance, rempliront celles de premier Sergent, conjointement avec les Sergens-fourriers actuellement exiſtans; Voulant Sa Majeſté que les moins anciens des Sergens-fourriers qui ne pourront pas être nommés premiers Sergens, paſſent aux places de Sergens de ſection, & que les Sergens de ſection &

17 juillet 1777.

Caporaux excédant le nombre fixé, fassent nombre, en conservant leur grade, dans les compagnies de Grenadiers & de Fusiliers, pour y faire le service de Sergent & de Caporal, & recevoir la solde de leur grade, jusqu'à ce qu'ils puissent être mis en pied.

Leur solde conservée.

L'intention de Sa Majesté est que les Sergens qui, en changeant de grade, éprouveroient de la diminution dans leur paye, en reçoivent le supplément jusqu'à leur remplacement, qui aura lieu, tant pour eux que pour les Caporaux, de préférence à tout autre.

Tambours admis comme Fusiliers, s'ils ont la taille.

A l'égard des Tambours qui se trouveroient également excéder la nouvelle composition, ils seront placés dans les compagnies comme Fusiliers, s'ils ont la taille prescrite, sans pouvoir prétendre à la haute-paye dont ils jouissoient, qui étoit destinée à l'entretien de leur caisse; & le Colonel donnera des congés absolus à ceux qui ne se trouveront pas avoir la taille & la tournure nécessaires pour être admis dans les compagnies de Fusiliers.

5.

Procès-verbal du Commissaire des guerres, pour établir l'époque de la nouvelle composition.

L'INTENTION de Sa Majesté est qu'il soit dressé par le Commissaire des guerres ayant la police dudit régiment, un procès-verbal de la nouvelle composition prescrite par la présente Ordonnance : Voulant Sa Majesté que le traitement qui y est réglé, ait lieu en tous points, à commencer du jour de la date dudit procès-verbal: Ledit Commissaire des guerres en joindra des expéditions à celle de sa revue.

TITRE VIII.

Service.

ARTICLE PREMIER

Service à la Cour & à Paris.

LE Colonel continuera de prendre les ordres de Sa Majesté pour sa garde, celle de la Reine & de la Famille

TITRE VIII.

royale, pour le logement du régiment à Paris, & pour le ſervice, la police & diſcipline dans ladite ville.

Sa Majeſté ſe propoſe de faire un Règlement général pour le ſervice de ſa garde, & pour celui des Capitaines & autres Officiers à Paris, lorſque le caſernement ſera achevé.

2.

Congé des Officiers.

LE Colonel continuera pareillement de donner les congés aux Capitaines & aux autres Officiers, d'après le nombre qui ſera preſcrit par Sa Majeſté.

3.

Manœuvres.

L'INTENTION de Sa Majeſté eſt que le régiment de ſes Gardes-françoiſes, ſoit exercé aux mêmes manœuvres qu'Elle a ordonnées pour ſon Infanterie.

4.

Crimes & délits.

VEUT auſſi Sa Majeſté qu'il ſe conforme aux Ordonnances pour les crimes & délits militaires.

5.

Diſcipline à la guerre.

LE régiment des Gardes-françoiſes ſera aſſujetti, à la guerre, à la diſcipline établie pour les autres troupes.

6.

Drapeaux.

LES compagnies du régiment des Gardes-françoiſes, conſerveront les drapeaux qui leur ſont affectés par leur conſtitution.

Mais Sa Majeſté ordonne qu'il ne ſoit porté que deux drapeaux par bataillon, lorſque le régiment ſortira de Paris pour aller à la guerre.

Ces deux drapeaux ne ſeront alors affectés à aucune compagnie, ils ſeront portés par les deux plus anciens Enſeignes de chaque bataillon; & lorſqu'une compagnie montera une garde d'honneur, elle prendra un des drapeaux du bataillon, qui ſera porté par l'Enſeigne de la compagnie.

7. SA

17 juillet 1777.

126.

TITRE VIII.

7.

Compagnies allant à la guerre, destinées aux gardes d'honneur.

SA MAJESTÉ voulant que les bataillons soient complets pour le service de l'armée, donnera ses ordres chaque campagne, pour faire marcher avec les bataillons du régiment de ses Gardes-françoises qui iront à la guerre, le nombre de compagnies qu'Elle jugera nécessaires pour sa garde ou les autres gardes d'honneur; lesquelles continueront d'être fournies à l'armée tour-à-tour par toutes les compagnies de Fusiliers.

Et lorsque Sa Majesté jugera à propos de faire marcher à la guerre les compagnies de Grenadiers des bataillons qui resteront à Paris, lesdites compagnies remplaceront aux bataillons les compagnies de Fusiliers qui se trouveront employées aux gardes d'honneur, & prendront la droite ou la gauche des bataillons, ainsi qu'il sera ordonné par le Commandant du régiment.

8.

Service des Grenadiers à l'armée.

LE service de l'armée se fera tour-à-tour entre toutes les compagnies de Grenadiers, proportionnément au nombre des bataillons du régiment des Gardes-françoises qui seront à l'armée, à moins que le régiment étant de tranchée, ou destiné pour une attaque, on ne commandât tous les Grenadiers du régiment: Sa Majesté veut que les compagnies de Grenadiers dudit régiment, commandés par leurs Capitaines & autres Officiers, marchent toujours entières pour le service de l'armée, & ne soient jamais morcelées.

9.

Tranchée; l'ordre & le mot.

LORSQUE les régimens des Gardes-françoises & des Gardes-suisses monteront la tranchée, il n'y aura point de Brigadier qui ne soit de leur Corps.

L'ordre & le mot continueront d'être donnés au cercle particulier de leur Corps, par leur Officier.

TITRE VIII.

10.

Service des Capitaines & Lieutenans à l'armée.

VEUT Sa Majesté que les Capitaines & Lieutenans du régiment de ses Gardes-françoises, soient maintenus à faire le service de l'armée suivant les grades affectés à leur charge & suivant l'ancienneté de leur commission : Entendant Sa Majesté, que les Lieutenans en second jouissent du même grade que les Lieutenans en premier.

Son iutention est aussi que les Capitaines & autres Officiers fassent le service du régiment, tant auprès de sa Personne que dans ses Armées, ainsi qu'il est réglé par les précédentes Ordonnances ou Règlemens.

11.

Remplacement des Capitaines & Officiers de Grenadiers à la guerre.

LES Capitaines-commandans des compagnies de Grenadiers, qui se trouveront blessés ou malades, seront remplacés, pour les détachemens de guerre, par le Capitaine en second de la même compagnie, le Capitaine en second par le Lieutenant en premier, & le Lieutenant en premier par le Lieutenant en premier de Fusiliers, qui suivra immédiatement le dernier des Lieutenans de Grenadiers.

Il en sera usé de même pour le remplacement des Lieutenans en second & des Sous-lieutenans, dans chaque grade.

12.

Service à l'armée.

LE régiment fera le service à l'armée avec tous les régimens de l'Infanterie également avec eux, sans aucune distinction, si ce n'est que les détachemens dudit régiment auront la droite, & que toutes les gardes qu'il fournira s'assembleront au centre du régiment, d'où elles iront chacune à leur poste.

13.

Conseils de guerre.

LES Conseils de guerre se tiendront ainsi qu'il est établi dans le Corps : Le Prévôt continuera d'y faire les fonctions de sa charge, & de jouir des rang, priviléges, franchises & libertés qui lui sont attribués.

TITRE VIII.

14.

Vivandiers.

Le régiment continuera d'avoir ses Vivandiers à sa suite.

15.

Vivres en campagne.

Le pain & la viande seront toujours fournis en campagne, au régiment des Gardes-françoises, sur le même pied qu'aux autres régimens de l'Infanterie françoise.

16.

Rations de pain aux Officiers en campagne.

Les Officiers auront pendant la campagne, la quantité de rations de pain attribuée à leur grade, & la retenue leur en sera faite sur le même pied qu'aux Soldats.

17.

Rations de fourrage en campagne, suivant les grades.

L'État-major, les Capitaines & les autres Officiers auront en campagne, & lorsqu'ils marcheront par étape, la quantité de rations de fourrage réglée pour chaque grade par les Ordonnances.

Le Lieutenant-colonel en second aura les mêmes quantités de rations de fourrage que le Lieutenant-colonel en premier.

Les Adjudans, l'Aumônier, les deux Chirurgiens-majors, la Prévôté & tous les Sergens continueront de recevoir, lorsqu'ils marcheront par étape, les rations de fourrage qui leur seront accordées par les Ordonnances.

18.

Le fourrage ne sera délivré que pour une qualité.

Entend Sa Majesté qu'à commencer du jour que l'étape cessera d'être fournie aux Officiers qui marcheront en campagne, jusqu'au jour qu'ils recevront l'étape pour revenir à Paris, le fourrage ne sera délivré aux Capitaines & autres Officiers qu'en une seule qualité, sans qu'ils puissent le recevoir, sous aucun prétexte, pour deux ou plusieurs qualités.

TITRE IX.

Piviléges & prérogatives du Colonel & du Régiment, conservés.

Priviléges conservés.

SA MAJESTÉ conserve au Colonel du régiment de ses Gardes-françoises, tous les honneurs, droits & prérogatives attachés à sa charge, & qui lui ont été accordés par les Ordonnances précédemment rendues, & le Règlement de 1691.

Veut pareillement Sa Majesté que le régiment de ses Gardes-françoises continue de jouir de tous les priviléges & différentes prérogatives qui lui ont été accordés depuis sa création, auxquels il n'est point dérogé par les dispositions de la présente Ordonnance.

MANDE & ordonne Sa Majesté au Colonel du régiment de ses Gardes-françoises, aux Commissaires des guerres à sa conduite & police, & à tous autres ses Officiers qu'il appartiendra, de tenir la main à l'exécution de la présente.

FAIT à Versailles le dix-sept juillet mil sept cent soixante-dix-sept. *Signé* LOUIS. *Et plus bas,* SAINT-GERMAIN.

A PARIS, DE L'IMPRIMERIE ROYALE. 1780.

www.ingramcontent.com/pod-product-compliance
Lightning Source LLC
LaVergne TN
LVHW010007230826
846092LV00002B/691